DIALOGUE
DU DOUTEUR
ET DE
L'ADORATEUR,

Par Mr. l'Abbé de Tilladet.

AVEC

Les dernières paroles d'Epictete à son Fils, & les Idées de La-Mothe le Vayer.

DIALOGUE
DU DOUTEUR
ET DE L'ADORATEUR.
Par Mr. l'Abbé de Tilladet.

LE DOUTEUR.

Comment me prouverez-vous l'exiſtence de Dieu ?

L'ADORATEUR.

Comme on prouve l'exiſtence du Soleil, en ouvrant les yeux.

LE DOUTEUR.

Vous croyez donc aux cauſes finales ?

L'ADORATEUR.

Je crois une cauſe admirable quand je vois des effets admirables. Dieu me garde de reſſembler à ce fou qui diſoit qu'une horloge ne prouve point un horloger, qu'une maiſon ne prouve point un architecte, & qu'on ne pouvoit démontrer l'exiſtence de Dieu que par une formule d'algèbre ; encore étoit-elle erronée.

LE DOUTEUR.

Quelle eſt votre religion ?

DIALOGUE DU DOUTEUR

L'ADORATEUR.

C'est non-seulement celle de Socrate qui se moquoit des fables des Grecs, mais celle de Jésus qui confondoit les Pharisiens.

LE DOUTEUR.

Si vous êtes de la religion de Jésus, pourquoi n'êtes-vous pas de celle des Jésuites, qui possedent trois cent lieues de païs en long & en large au Paraguai? Pourquoi ne croyez-vous pas aux Prémontrés, aux Bénedictins à qui Jésus a donné tant de riches Abbaïes?

L'ADORATEUR.

Jésus n'a institué ni les Bénedictins ni les Prémontrés, ni les Jésuites.

LE DOUTEUR.

Pensez vous qu'on puisse servir Dieu en mangeant du mouton le vendredi, & en n'allant point à la messe?

L'ADORATEUR.

Je le crois fermement, attendu que Jésus n'a jamais dit la messe & qu'il mangeoit gras le vendredi & même le samedi.

LE DOUTEUR.

Vous pensez donc qu'on a corrompu la religion simple & naturelle de Jésus, qui étoit apparemment celle de tous les sages de l'antiquité?

L'ADORATEUR.

Rien ne paroit plus évident. Il falloit bien qu'au

qu'au fond il fût un sage, puisqu'il déclamoit contre les prêtres imposteurs, & contre les superstitions; mais on lui impute des choses qu'un sage n'a pu ni faire, ni dire. Un sage ne peut chercher des figues au commencement de Mars sur un figuier & le maudire parce qu'il n'a point de figues... Un sage ne peut changer l'eau en vin en faveur de gens déja yvres. Un sage ne peut envoyer des diables dans le corps de deux mille cochons, dans un païs où il n'y a point de cochons. Un sage ne se transfigure point pendant la nuit pour avoir un habit blanc. Un sage n'est pas transporté par le Diable. Un sage quand il dit que Dieu est son père, entend sans doute que Dieu est le père de tous les hommes. Le sens dans lequel on a voulu l'entendre est impie & blasphématoire.

Il paroit que les paroles & les actions de ce sage ont été très mal recueillies, que parmi plusieurs histoires de sa vie, écrites quatre-vingt dix ans après lui, on a choisi les plus improbables, parce qu'on les crut les plus importantes pour des sots. Chaque écrivain se piquoit de rendre cette histoire merveilleuse, chaque petite societé chrêtienne avoit son Evangile particulier. C'est la raison démonstrative pour laquelle ces Evangiles ne s'accordent presque en rien. Si vous croyez à un Evangile, vous êtes obligé de renoncer à tous les autres. Voilà une plaisante marque de vérité qu'une contradiction perpétuelle; voilà une plaisante sagesse que des folies qui se combattent.

Il est donc démontré que des fanatiques ont séduit d'abord des hommes simples, qui en ont ensuite séduit d'autres. Les derniers ont encore enchéri sur les premiers. L'histoire véritable de Jésus n'étoit probablement que celle d'un homme juste qui avoit repris les vices des Pharisiens & que les Pharisiens firent mourir. On en fit ensuite un prophête, & au bout de trois cent ans on en fit un Dieu ; voila la marche de l'esprit humain.

Il est reconnu par les fanatiques même les plus entêtés, que les premiers chrétiens employèrent les fraudes les plus honteuses pour soutenir leur secte naissante. Tout le monde avoue qu'ils forgèrent de fausses prédictions, de fausses histoires, de faux miracles. Le fanatisme s'étendit de tous côtés ; & enfin dès qu'il a été dominant, il n'a soutenu que par des bourreaux ce qu'il avoit établi par l'imposture & par la démence. Chaque siècle a tellement corrompu la religion de Jésu que celle des Chrétiens lui est toute contraire.

Si on a fait dire à Jésu que son Royaume n'est pas de ce monde, ceux qui prétendent être les successeurs de ces premiers disciples ont été autant qu'ils l'ont pu les tirans du monde, & ont marché sur la tête des Rois. Si Jésu a vécu pauvre, ses étranges successeurs ont ravi nos biens & le prix de nos sueurs.

Considérez les fêtes que Jésu observa, elles étoient toutes Juives & nous faisons bruler ceux qui célèbrent des fêtes Juives. Jésu a-t-il dit qu'il y avoit en lui deux natures ? non ;

&

& nous lui donnons deux natures. Jésu a-t il dit que Marie étoit mère de Dieu? non; & nous la faisons mère de Dieu. Jésu a-t il dit qu'il étoit trin & consubstantiel? non; & nous l'avons fait consubstantiel & trin. Montrez moi un seul rit que vous ayez observé précisément comme lui; dites-moi un seul de vos dogmes qui soit précisément le sien, je vous en défie.

LE DOUTEUR.

Mais, Monsieur, en parlant ainsi vous n'êtes pas Chrêtien?

L'ADORATEUR.

Je suis chrêtien comme l'étoit Jésu, dont on a changé la doctrine céleste en doctrine infernale. S'il s'est contenté d'être juste, on en a fait un insensé, qui couroit les champs dans une petite province Juive, en comparant les cieux au grain de moutarde.

LE DOUTEUR.

Que pensez-vous de Paul meurtrier d'Etienne, persécuteur des premiers Galiléens, depuis Galiléen lui-même & persécuté. Pourquoi rompit-il avec Gamaliel son maître? est ce, comme le disent quelques Juifs, parce que Gamaliel lui refusa sa fille en mariage? parce qu'il avoit les jambes torses, la tête chauve & les sourcils joints, ainsi qu'il est raporté dans les actes de Ste. Técle sa favorite? A-t-il écrit enfin les Epitres qu'on a mises sous son nom?

L'ADORATEUR.

Il est assez reconnu que Paul n'est point l'auteur de l'épitre aux Hébreux, dans laquelle il est dit : (a) Jésu est autant élevé au dessus des anges que le nom qu'il a reçu est plus excellent que le leur.

Et dans un autre endroit, (b) il est dit que Dieu l'a rendu pour quelque temps inférieur aux Anges.

Et dans ses autres Epitres, il parle presque toujours de Jésu comme d'un simple homme cheri de Dieu, élevé en gloire.

Tantôt il dit que les femmes peuvent prier, parler, prêcher, prophétiser, (c) pourvû qu'elles ayent la tête couverte, car une femme sans voile deshonore la tête.

Tantôt il dit que les femmes ne doivent point parler dans l'Eglise. (d)

Il se brouille avec Pierre parce que Pierre ne judaïse pas avec les étrangers, & qu'ensuite Pierre judaïse avec les Juifs. (e) Mais ce même Paul va judaïser lui même pendant huit jours dans le temple de Jérusalem, & y amène des étrangers pour faire croire aux Juifs qu'il n'est pas Chrêtien. Il est accusé d'avoir souillé le temple, le grand Prêtre lui donne un sou-

---

(a) Chap. 1. ℣. 4.
(b) Chap. 2. ℣. 9.
(c) Iᵉ. aux Corinth. chap. 11. ℣. 5.
(d) Même Epitre chap. 14. ℣. 36.
(e) Actes des Apotres chap. 21.

ET DE L'ADORATEUR.

flet ; il est traduit devant le Tribun Romain. Que fait-il pour se tirer d'affaire ? il fait deux mensonges impudents au Tribun & au Sanhedrin ; il leur dit, *Je suis Pharisien, & fils de Pharisien*, quand il étoit Chrétien; il leur dit *on me persécute parce que je crois à la résurrection des morts*. Il n'en avoit point été question ; & par ce mensonge trop aisé pourtant à reconnoitre, il prétendoit commettre ensemble & diviser les juges du Sanhedrin, dont la moitié croyoit la résurrection & l'autre ne la croyoit pas.

Voilà, je vous avoue, un singulier apôtre; c'est pourtant le même homme qui ose dire *qu'il a été ravi au troisiéme ciel, & qu'il y a entendu des paroles qu'il n'est pas permis de raporter*. (*f*)

Le voyage d'Astolphe dans la Lune est plus vraisemblable, puisque le chemin est plus court. Mais pourquoi veut-il faire accroire aux imbécilles auxquels il écrit qu'il a été ravi au troisiéme ciel ? C'est pour établir son autorité parmi eux, c'est pour satisfaire son ambition d'être chef de parti, c'est pour donner du poids à ces paroles insolentes & tyranniques, (*g*) *Si je viens encor une fois vers vous, je ne pardonnerai ni à ceux qui auront péché ni à tous les autres*.

Il est aisé de voir dans le galimathias de Paul qu'il conserve toujours son premier esprit

_____

(*f*) IIe. aux Corinth. chap. 13.
(*g*) Idem.

persécuteur ; esprit affreux qui n'a fait que trop de prosélites. Je sais qu'il ne commandoit qu'à des gueux ; mais c'est la passion des hommes de vouloir s'élever au dessus de ses semblables, & de vouloir les opprimer. C'est la passion des tyrans. Quoi Paul Juif, faiseur de tentes, tu oses écrire à des Corinthiens que tu puniras ceux même qui n'ont pas péché ! Néron, Attila, le Pape Alexandre six ont-ils jamais proféré de si abominables paroles ? Si Paul écrivit ainsi, il méritoit un chatiment exemplaire. Si des faussaires ont forgé ces Epitres, ils en méritoient un plus grand.

Hélas c'est ainsi que la plupart des sectes populaires commencent. Un imposteur harangue la lie du peuple dans un grenier, & les imposteurs qui lui succèdent habitent bientôt des palais.

LE DOUTEUR.

Vous n'avez que trop raison ; mais après m'avoir dit ce que vous pensez de ce fanatique, moitié Juif moitié Chrétien, nommé Paul, que pensez-vous des anciens Juifs ?

L'ADORATEUR.

Ce que les gens sensés de toutes les nations en pensent, & ce que les Juifs raisonnables en pensent eux-mêmes.

LE DOUTEUR.

Vous ne croyez donc pas que le Dieu de toute la nature ait abandonné & proscrit le reste des hommes pour se faire Roi d'une misérable

sérable petite nation ? Vous ne croyez pas qu'un serpent ait parlé à une femme ? que Dieu ait planté un arbre dont les fruits donnoient la connoissance du bien & du mal ? que Dieu ait défendu à l'homme & à la femme de manger de ce fruit, lui qui devoit plutôt leur en présenter, pour leur faire connoitre ce bien & ce mal, connoissance absolument nécessaire à l'espèce humaine ? Vous ne croyez pas qu'il ait conduit son peuple chéri dans des déserts, & qu'il ait été obligé de leur conserver pendant quarante ans leurs vieilles sandales & leurs vieilles robes ? Vous ne croyez pas qu'il ait fait des miracles égalés par les miracles des mages de Pharaon, pour faire passer la mer à pied sec à ses enfans chéris en larrons & en lâches, & pour les tirer misérablement de l'Egypte, au lieu de leur donner cette fertile Egypte.

Vous ne croyez pas qu'il ait ordonné à son peuple de massacrer tout ce qu'il rencontreroit, afin de rendre ce peuple presque toujours esclave des nations ? Vous ne croyez pas que l'anesse de Balaam ait parlé ? Vous ne pas croyez que Samson ait attaché ensemble trois cent renards par la queue ? Vous ne croyez pas que les habitants de Sodome ayent voulu violer deux Anges ? Vous ne croyez pas . . . . ?

L'ADORATEUR.

Non sans doute je ne crois pas ces horreurs

reurs impertinentes, l'opprobre de l'esprit humain. Je crois que les Juifs avoient des fables, ainsi que toutes les autres nations, mais des fables beaucoup plus sottes, plus absurdes, parce qu'ils étoient les plus grossiers des Asiatiques, comme les Thébains étoient les plus grossiers des Grecs.

LE DOUTEUR.

J'avoue que la religion Juive étoit absurde & abominable. Mais enfin ce Jésus que vous aimez, étoit Juif, il accomplit toujours la loi Juive, il en observa toutes les cérémonies.

L'ADORATEUR.

C'est encore une fois une grande contradiction, qu'il ait été Juif & que ses disciples ne le soient pas. Je n'adopte de lui que sa morale quand elle ne se contredit point. Je ne peux souffrir qu'on lui fasse dire; *je ne suis pas venu apporter la paix mais le glaive*: ces paroles sont affreuses. Un homme sage encor un coup n'a pu dire que le Royaume des Cieux est semblable à un grain de moutarde, à des noces, à de l'argent qu'on fait valoir par l'usure; ces paroles sont ridicules. J'adopte cette sentence, Aimez Dieu & votre prochain, c'est la loi éternelle de tous les hommes, c'est la mienne; c'est ainsi que je suis ami de Jésu; c'est ainsi que je suis Chrétien.

tien. S'il a été un adorateur de Dieu ennemi des mauvais prêtres, persécuté par des fripons je m'unis à lui, je suis son frère.

LE DOUTEUR.

Il n'y a jamais eu de religion qui n'en ait dit autant que Jésu, qui n'ait recommandé la vertu comme Jésu.

L'ADORATEUR.

Eh bien donc je suis de la religion de tous les hommes, de celle de Socrate, de Platon, d'Aristide, de Cicéron, de Caton, de Titus, de Trajan, d'Antonin, de Marc Aurèle, d'Epictete, de Jésu.

Je dirai avec Epictète. (a) *C'est Dieu qui m'a créé, Dieu est au dedans de moi, je le porte partout, pourquoi le souillerai-je par des pensées obscènes, par des actions basses, par d'infames désirs?* (b) *Je réunis en moi des qualités dont chacune m'impose un devoir; homme, citoyen du monde, enfant de Dieu, frère de tous les hommes; fils, mari, père, tous ces noms me disent, n'en deshonore aucun.*

(c) *Mon devoir est de louer Dieu de tout, de le remercier de tout, de ne cesser de le bénir qu'en cessant de vivre.* Cent

(a) Nombre 18.
(b) 25.
(c) 64.

Cent maximes de cette espèce valent bien le Sermon de la montagne, & cette belle maxime, Bienheureux les pauvres d'esprit. Enfin j'adorerai Dieu, & non les fourberies des hommes. Je servirai Dieu, & non un concile de Calcédoine ou un concile *in trullo*. Je détesterai l'infame superstition ; & je serai sincérement attaché à la vraie religion jusqu'au dernier soupir de ma vie.

LES DERNIERES PAROLES D'EPICTETE A SON FILS.

EPICTETE.

Je vais mourir; j'attends de vous un souvenir tendre, & non des larmes inutiles; je meurs content, puisque je vous laisse vertueux.

LE FILS.

Vous m'avez enseigné à l'être. Mais vous savez quel trouble m'agite. Une nouvelle secte de la Palestine cherche à me donner des remords.

EPICTETE.

Des remords! il n'appartient qu'aux scélerats d'en éprouver. Vos mains & votre ame sont pures. Je vous ai enseigné la vertu, & vous l'avez pratiquée.

LE FILS.

Oui. Mais cette nouvelle secte annonce une nouvelle vertu que je ne connoissois pas.

EPICTETE.

Quelle est donc cette secte?

LE FILS.

Elle est composée de ces Juifs qui vendent des haillons & des philtres, & qui rognent les espèces à Rome.

EPICTETE.

La vertu qu'ils enseignent est apparemment de la fausse monnoye.

LE FILS.

Ils disent qu'il est impossible d'être vertueux sans s'être fait couper un peu de prépuce, ou sans s'être plongé dans l'eau au nom du père par le fils ; il est vrai qu'ils ne sont pas d'accord en cela ; les uns veulent du prépuce, les autres n'en veulent point. Ceux-ci croyent l'eau nécessaire, comme Pindare qui la dit merveilleuse ; ceux-là s'en passent ; mais tous disent qu'il leur faut donner de l'argent.

EPICTETE.

Comment de l'argent ? Sans doute on doit secourir de son superflu les pauvres qui ne peuvent travailler, payer ceux qui peuvent gagner leur vie, & partager son nécessaire avec ses amis. C'est notre loi, c'est notre morale. C'est ce que j'ai fait depuis qu'Epaphrodite m'affranchit, & c'est ce que je vous ai vu faire avec une satisfaction qui rend mes derniers moments heureux.

LE FILS.

Les philosophes dont je vous parle exigent bien autre chose. Ils veulent qu'on apporte à leurs pieds tout ce qu'on a jusqu'à la derniére obole.

EPICTETE.

S'il est ainsi, ce sont des voleurs, & vous êtes obligé de les déférer au préteur ou aux centumvirs.

LE FILS.

Oh, non, ce ne sont point des voleurs, ce sont des marchands qui vous donnent la meilleure denrée du monde pour votre argent; car ils vous promettent la vie éternelle; & si en mettant votre argent à leurs pieds comme ils l'ordonnent, vous gardez seulement de quoi manger, ils ont le pouvoir de vous faire mourir subitement.

EPICTETE.

Ce sont donc des assassins, dont il faut au plutôt purger la société.

LE FILS.

Non, vous dis-je ce sont des mages qui ont des secrets admirables & qui tuent avec des paroles. Le père, disent-ils, leur a fait cette grace par le fils. Un de leurs profélites qui peut horriblement, & qui prêche dans des greniers avec beaucoup de succès, me disoit hier qu'un de leurs parents nommé Ananiah ayant vendu sa métairie pour plaire au fils au nom du père, porta tout l'argent aux pieds d'un mage nommé Barjone, mais qu'ayant gardé en secret de quoi acheter le nécessaire pour son petit enfant, il fut puni de mort sur le champ. Sa femme vint ensuite, Barjone la fit mourir de même en prononçant une seule parole.

EPICTETE.

Mon fils, voilà d'abominables gens. Si la chose étoit vraye, ils seroient les plus infames criminels de la terre. On vous a conté des histoires ridicules ; vous êtes un bon enfant, mais j'ai peur que vous ne soyez un imbécille, & cela me fâche.

LE FILS.

Mais, mon père, si on gagne la vie éternelle en donnant tout son bien à Simon Barjone, il est clair qu'on fait un bon marché.

EPICTETE

Mon fils, la vie éternelle, la communication avec l'Etre Suprême n'a rien de commun, croyez-moi, avec votre Simon Barjone. Le Dieu très bon & très grand, *Deus optimus, maximus*, qui anima les Catons, les Scipions, les Cicerons, les Paul Emile, les Camilles, le père des Dieux & des hommes, n'a pas sans doute remis son pouvoir entre les mains d'un Juif. Je savois que ces misérables étoient au rang des plus superstitieux peuples de la Sirie ; mais je ne savois pas qu'ils osassent porter leur démence jusqu'à se dire les premiers ministres de Dieu.

LE FILS.

Mais, mon père, ils font continuellement des miracles (*ici le bon homme Epictete ricanne.*)
Vous

Vous ricannez, mon père. Vous levez les épaules.

EPICTETE.

Hélas! un mourant n'a guères envie de rire, mais tu m'y forces, mon pauvre enfant. As-tu vu des miracles?

LE FILS.

Non. Mais j'ai parlé à des hommes qui avoient parlé à des femmes qui diſoient que leurs commères en avoient vu. Et puis la belle morale que la morale des Juifs, qui ſont ſans prépuce & qu'on lave depuis les pieds juſqu'à la tête!

EPICTETE.

Et quels ſont donc les préceptes moraux de ces gens-là?

LE FILS.

C'eſt premiérement qu'un homme riche ne peut être un homme de bien, & qu'il lui eſt plus difficile de gagner le royaume des cieux, ou le jardin, qu'à un chameau de paſſer par le trou d'une aiguille; moyennant quoi tous les riches doivent donner leurs biens aux gueux qui prêchent ce royaume & ce jardin.

2º. Qu'il n'y a d'heureux que les ſots, les pauvres d'eſprit.

3º. Que quiconque n'écoute pas l'aſſemblée des gueux doit être déteſté comme un receveur des impots.

4º. Que ſi on ne hait pas ſon père, ſa mère & ſes frères, on n'a point de part au royaume ou au jardin.

5°. Qu'il faut aporter le glaive & non la paix.

6°. Que quant on fait un feſtin de noces, il faut forcer tous les paſſants à venir aux noces, & jetter dans un cu de baſſe foſſe extérieure ceux qui n'auront pas la robe nuptiale.

EPICTETE.

Hélas ! mon ſot enfant, j'étois tout à l'heure ſur le point de mourir de rire, & je ſens à préſent que tu me feras mourir d'indignation & de douleur. Si les malheureux dont tu me parles ſéduiſent le fils d'Epictète, ils en ſéduiront bien d'autres. Je prévois des malheurs épouvantables ſur la terre. Ces énergumènes ſont-ils nombreux ?

LE FILS.

Leur nombre augmente de jour en jour; ils ont une caiſſe commune dont ils payent quelques Grecs qui écrivent pour eux. Ils ont inventé des miſtères; ils exigent un ſecret inviolable; ils ont inſtitué des inſpirés qui décident de tous leurs intérêts & qui ne ſouffrent pas que les gens de la ſecte plaident jamais devant les Magiſtrats.

EPICTETE

Imperium in imperio. Mon fils, tout eſt perdu.

IDÉES
DE LA MOTHE LE VAYER.

1°. SI les hommes étoient raisonnables, ils auroient une religion capable de faire du bien, & incapable de faire du mal.

3°. Quelle est la religion dangereuse? n'est-ce pas évidemment celle qui établissant des dogmes incompréhensibles donne nécessairement aux hommes l'envie d'expliquer ces dogmes chacun à sa manière, excite nécessairement les disputes, les haines, les guerres civiles?

2°. N'est-ce pas celle qui se disant indépendante des Souverains & des Magistrats, est nécessairement aux prises avec les Magistrats & les Souverains?

4°. N'est ce pas celle qui se choisissant un Chef hors de l'Etat, est nécessairement dans une guerre publique ou secrette avec l'Etat!

5°. N'est ce pas celle qui ayant fait couler le sang humain pendant plusieurs siècles, peut le faire couler encore?

6°. N'est-ce pas celle qui ayant été enrichie par l'imbécilité des peuples, est nécessairement portée à conserver les richesses, par la force si elle peut, & par la fraude si la force lui manque?

7°. Quelle est la religion qui peut faire du bien sans pouvoir faire du mal? n'est-ce pas l'adoration de l'Etre Suprême sans aucun dogme métaphisique ? celle qui seroit à la portée de tous les hommes, celle qui dégagée de toute superstition, éloignée de toute imposture, se contenteroit de rendre à Dieu des actions de graces solemnelles sans prétendre entrer dans les secrets de Dieu.

8°. Ne seroit ce pas celle qui diroit, soyons justes ; sans dire, haïssons, poursuivons d'honnêtes gens qui ne croyent pas que Dieu est du pain, que Dieu est du vin, que Dieu a deux natures & deux volontés, que Dieu est trois, que ses mistères sont sept, que ses ordres sont dix, qu'il est né d'une femme, que cette femme est pucelle, qu'il a été pendu, qu'il déteste le genre humain au point de bruler à jamais toutes les générations, excepté les moines & ceux qui croyent aux moines ?

9°. Ne seroit-ce pas celle qui diroit ; *Dieu étant juste, il recompensera l'homme de bien & il punira le méchant*, qui s'en tiendroit à cette croyance raisonnable & utile, & qui ne prêcheroit jamais que la morale ?

10°. Quand on a le malheur de trouver dans un état une réligion qui a toujours combattu contre l'état en s'incorporant à lui, qui est fondée sur un amas de superstitions accumulé de siècle en siècle, qui a pour soldats des fanatiques distingués en plusieurs régiments, noirs, blancs, gris ou minimes, cent fois mieux payés que les soldats qui versent leur sang pour la patrie ; quand une telle re-
li-

ligion a souvent insulté le trone au nom de Dieu, a dépouillé les citoyens de leurs biens au nom de Dieu, a intimidé les sages, & perverti les foibles, que faut-il faire?

11°. Ne faut-il pas alors en user avec elle comme un médecin habile traite une maladie cronique? il ne prétend pas la guérir d'abord, il risqueroit de jetter son malade dans une crise mortelle. Il attaque le mal par degrés, il diminue les simptomes. Le malade ne recouvre pas une santé parfaite, mais il vit dans un état tolérable à l'aide d'un régime sage. C'est ainsi que la maladie de la superstition est traitée aujourd'hui en Angleterre & dans tout le Nord par de très grands Princes, par leurs ministres & par les premiers de la nation.

12°. Il seroit aussi utile qu'aisé d'abolir toutes les taxes honteuses qu'on paye à l'Evêque de Rome sous différents noms, & qui ne sont en effet qu'une simonie déguisée. Ce seroit à la fois conserver l'argent qui sort du Royaume, briser une chaine ignominieuse, & affermir l'autorité du Gouvernement.

Rien ne seroit plus avantageux & plus facile que de diminuer le nombre inutile & dangereux des couvents, & d'appliquer à la récompense des services le revenu de l'oisiveté.

Les Confrères, les Pénitents blancs ou noirs, les fausses reliques qui sont innombrables, peuvent être proscrites avec le temps sans le moindre danger.

A mesure qu'une nation devient plus éclai-
rée

tée, on lui ôte les aliments de son ancienne sottise.

Une Ville qui auroit pris les armes autrefois pour les reliques de St. Pancrace, rira demain de cet objet de son culte.

On gouverne les hommes par l'opinion régnante, & l'opinion change quand la lumière s'étend.

Plus la police se perfectionne, moins on a besoin de pratiques religieuses.

Plus les superstitions sont méprisées, plus la véritable religion s'établit dans tous les esprits.

Moins on respecte des inventions humaines, & plus Dieu est adoré.

www.ingramcontent.com/pod-product-compliance
Lightning Source LLC
Chambersburg PA
CBHW070534050426
42451CB00013B/3003